कौतुहल मेरे मन की

(कविताएँ एवं वन लाइनर)

कौतुहल मेरे मन की

अमित सिंह

हिन्द युग्म
hindyugm.com
BLUE

ISBN : 978-93-84419-76-9

प्रकाशक :
हिन्द-युग्म
201 बी, पॉकेट ए, मयूर विहार फ़ेस-2, दिल्ली-110091
मो.- 9873734046, 9968755908

कला-निर्देशन : विजेंद्र एस विज

पहला संस्करण : 2017

Kautuhal Mere Mann Ki
(A collection of poems by *Amit Singh*)

Published By
Hind Yugm
201 B, Pocket A, Mayur Vihar Phase 2, Delhi-110091
Mob : 9873734046, 9968755908
Email : sampadak@hindyugm.com
Website : www.hindyugm.com

First Edition : 2017

लेखनी की कालजयी परछाईं

मेरे व्यक्तित्व की परछाईं, नयन-नस्ख, रंग-रूप, सब आपके जैसे हैं, पर जब मैं उस शीशे के सामने खड़ा होकर, शीशे के उस पार, हाथ में कोरे कागज और कलम लिए खड़े उस मानव-कंकाल की उस कालजयी परछाईं की- मुस्कुराहट, रुदाली, सनक, उतावालापन, रवानी, जिंदादिली जैसे अनगिनत भावनाओं को पढ़ने की कोशिश करता हूँ, मैं स्तब्ध रह जाता हूँ। मैं उसी कागजी और कौतुहल रूपी पात्र (PAGALKAVI) को ज्यादा से ज्यादा जिया करता हूँ, या यूँ कहें, जीने की कोशिश कर रहा हूँ। क्योंकि एक दफा, शीशे के सामने खड़ा भावविहीन लोथड़ा, अगर कलयुगी भोग-विलास करते-करते मर भी गया, तो मुझे तकलीफ नहीं होगी!

पर, उस शीशे के पीछे खड़ा, वो अदभुत और चीखती परछाईं, अगर घुमिल हो गई, या कुचल दी गई, ये मुझे कतई मंजूर नहीं है!

मैंने उसी परछाईं को हर कदम, हर रंग, हर माहौल में अपने शब्दों से जीने की कोशिश की है, चाहे वो NIT DURGAPUR कॉलेज की पन्द्रह अगस्त व छब्बीस जनवरी की सुबह काव्य सम्मेलन करना हो, चाहे वर्धा शहर का वो मेरा बंद कमरा हो, चाहे वो ट्रेनों की मेरी अनगिनत सफर हो, चाहे वो गाँव और शहर की बीच की लुहावनी दौड़ हो, चाहे वो रात को रौंदती मेरी आँखें हों!

मेरे साथ लाख व्यक्तिगत व सामाजिक अड़चने आयी, पर मैंने एक बात गाँठ बाँध ली, ये जो लेखनी की फफूँदी लगी हैं ना, इस बीमारी को कभी कम नहीं होने दूँगा।

मेरे शब्दों की उठापटक में श्मशान, लाशें, धुआँ, विभाजन, नाराजगी, कालापन, युवा, तलब, प्रेम, बहुरूपियापन, दिल्ली, दिल्लगी जैसे शब्द ज्यादा से ज्यादा पढ़ने को मिलेंगे। इन शब्दों से इश्क करना, पीयूष मिश्रा

सर, गुलजार साहब, प्रसून जोशी सर जैसे प्रखर लेखकों की खूबसूरत लेखनी ने सिखाया।

साथ-ही-साथ अपने माँ-पापा, परिवारजन, कुछ खास मित्र- सौविक, उमर, अनादि, चक्रवर्ती, नवनीत, गौरव, सिद्धार्थ, शिखा जी, जसवन्त सर, और हिन्द युग्म के शैलेश जी और बहुत सारे पाठकगणों का भरपूर सहयोग मिला।

सभी चाहनेवालों, सहकर्मियों, लेखकों, मित्रों से मेरी ये गुजारिश है,

'पढ़ते रहें, लिखते रहें, जीते रहें'

'क्योंकि ये लेखनी है क्या!

'ये हमारी अलग और गहरी सोच से पैदा हुई, कलम से की गईं, उल्टियों का जीता-जागता प्रमाण हैं'

लेखनी की कालजयी परछाईं!

अमित सिंह

(PAGALKAVI)

कविता-क्रम

प्यासा कवि

मैं हर रोज, हर शाम लिखता हूँ
मैं कभी जमीं, कभी आसमान लिखता हूँ

मैं कभी चिलचिलाती धूप, कभी सकूने छाँव लिखता हूँ
लिखता हूँ वो काँपती रुहे बदन, कभी मन की अजान लिखता हूँ
मैं कभी लहरों की पुकार, कभी वसुंधरा की प्यास लिखता हूँ
मैं लिखता हूँ, उस शीतलता फैलाती चाँद पें,
कभी गगन को चुमता विचार लिखता हूँ
मैं हर रोज, हर शाम लिखता हूँ
मैं कभी जमीं, कभी आसमान लिखता हूँ

मैं, कभी मन की आजादी, कभी उस तन की गुलामी लिखता हूँ
लिखता हूँ, कभी तेरी मोहब्बत, कभी तुम्हारी जरूरत लिखता हूँ
मैं कभी अंध प्रेम, तो कभी मंद परिवर्तन लिखता हूँ
लिखता हूँ, कभी तुमसे लिपट मलंग, कभी तेरे यादों के संग लिखता हूँ
मैं हर रोज, हर शाम लिखता हूँ
मैं कभी जमीं, कभी आसमान लिखता हूँ

मैं कभी तुम्हारी रहमत, कभी दरिन्दगी लिखता हूँ
लिखता हूँ कभी उलझे धर्म, कभी खूबसूरत इन्सानियत लिखता हूँ
मैं कभी तुम्हारे सोये समाज, कभी बौखलाती इन्सान पे लिखता हूँ
लिखता हूँ कुछ चोचले रिवाज, कभी कोई दबी आवाज लिखता हूँ
मैं हर रोज, हर शाम लिखता हूँ
मैं कभी जमीं, कभी आसमान लिखता हूँ

मैं कभी वो काल, कभी शक्तिशाली महाकाल पे लिखता हूँ
लिखता हूँ, कभी तुम्हारा अंत, कभी वो ईकाई अनन्त लिखता हूँ
मैं कभी रोता जीवन, कभी जलता श्मशाम लिखता हूँ
लिखता हूँ, कभी कुछ सवाल, कभी अनकहे जबाब लिखता हूँ
मैं हर रोज, हर शाम लिखता हूँ
मैं कभी जमीं, कभी आसमान लिखता हूँ

मैं कभी अपनी पागल मनोदशा, कभी तुम्हारा दिलेसुकून लिखता हूँ
लिखता हूँ कभी अपनी तलब, कभी थरथराती साज लिखता हूँ
हाँ, मैं एक कवि हूँ, मैं बस उस ठहरे क्षण के लिए लिखता हूँ
मैं बस खुद की तलब और किस्से तमाम लिखता हूँ।

✍ पास कुछ कोरा कागज पड़ा था
कुछ रौंदा रौंदा सोचा था
कुछ आधा आधा लिखा था।

✍ लिखो, क्योंकि कुछ लिखा हुआ,
या तो उबलता है, या छपता है,
कोई लेखनी, कभी मरता नहीं।

✍ कहते हो दर्द लिखो,
लिखा तो सह नहीं पाए!

✍ इतना ना चीरा करो,
कि खून भी खौफ खाए।

✍ सिसकियाँ को जरा ध्यान से सुनना
उससे मीठा संगीत कोई नहीं।

✍ लिखता हूँ रोज, अपनी भावनाएँ पिरो-पिरो के
खाली स्याही और कोरे कागज का हिसाब ना माँगिए।

✍ शब्दों से टूट जाना या टूटकर शब्दों को पिरोना
बहुत अंतर है, दोनों अंदाजे मिजाज में।

✍ उमड़ता एहसास है
लिखती कलम है
छपती किताब है
लेखक बेहिसाब हैं।

✍ जिदंगी को थोड़ी संजीदगी दीजिए
कभी खामोशी को चीखने दीजिए।

✍ मेरे गलत लिखने से किसे फर्क पड़ा है
सब की अपनी कलम अपनी किताब है।

✍ इतना क्या इतराना,
जब मौत को है गले लगाना!

✍ प्यार और पागलपन की कोई उमर नहीं होतीं।

✍ अंधेरे से खूबसूरत कोई पहनावा नहीं होता।

✍ बस इस अंधियारे का चेहरा बढ़ता घटता रहता है।

✍ हर किसी की लेखनी पे एक ना एक दिन
उस धूल की परत चढ़नी है।

✍ साथ है इस कलम का
और कोई हमसफर ना दीजे!

✍ दुनिया में पग-पग पे कब्र खुदे हैं
बस जरा आप संभल कर चलो!

✍ अरे तुम्हें, खुद से खुद को देखना नहीं आता,
हर वक्त एक आईने की जरूरत, आन पड़ती हैं।

मैं और सिर्फ मैं

मैं और सिर्फ मैं, मुझे ये सारे हावभाव महसूस करना है
उस मर्म दुर्घटना की गहरी चोटों की कराह सुनना है मुझे
उस हथौड़ी की टकटक की आवाज सुनना है मुझे
उस लाचार बच्ची की दबी, सिसक गुहार सुनना है मुझे
उस घनघोर चुप्पी में सधी, तीखी आवाज सुनना है मुझे
मैं और सिर्फ मैं, मेरे अलावा कोई नहीं चहिए मुझे
उस बूढ़ी की सूजी आँखों से, बहते गम देखना है मुझे
उस तेज लचक कमर की काली तिल, देखना है मुझे
उस गर्म लाल आँखों से उबरा उबाल, देखना है मुझे
उस शरीर से फटते-बिखरते हर भाव को देखना है मुझे
मैं और सिर्फ मैं, मेरे अलावा कोई नहीं चहिए मुझे
उस 'भव्य आदि शिवाय' जैसा विष पान करना है मुझे
उस झरने जैसी आँखो का मदहोश जाम, पीना है मुझे
उस दूर पहाड़ पर उगे, धतूर पी कर, पागल होना है मुझे
उस शरीर की कटी कानी उँगली से बहे रक्त पीना है मुझे
मैं और सिर्फ मैं, मेरे अलावा कोई नहीं चहिए मुझे
उस सड़क पे सूखे खुन के बिखरे फव्वारे देखना है मुझे
उस नरक से उतरे प्यासा मतवाला राक्षस देखना है मुझे

वो ताव देती मूँछ व बड़ा दाँत वाला मानव देखना है मुझे
वो बड़ी दाढ़ी वं नक्शसूरमा में सजे चेहरा देखना है मुझे
मैं और सिर्फ मैं, मेरे अलावा कोई नहीं चहिए मुझे
हाँ मैं और सिर्फ मैं
मैं उस कानी आँख को फोड़ना चाहता हूँ
खुद को खोद-खोद कर देखना चाहता हूँ
खुद का वहशीपना टटोलना चाहता हूँ
सनकी, धुनी, मतवाला होना चाहता हूँ
हाँ मैं और सिर्फ मैं
मेरे अलावा कोई नहीं चहिए मुझे
मेरे अलावा कोई नहीं चहिए मुझे।

मृत के कायदे कानून

जो गूँगा है, जो निःशब्द है, उसे मरना पड़ेगा
जो बेबस है, जो अकेला है, उसे मरना पड़ेगा
जो तिलकभूती है, टोपीधारी है, उसे भी मरना पड़ेगा
जो बहुत बातूनी है, जो पत्रकार है, उसे मरना पड़ेगा
जो खुजलीदार है, जो बदबूदार है, उसे मरना पड़ेगा
जो अधर्मी है, धर्म के पुजारी है, उसे भी मरना पड़ेगा
जो बहुत जोर का प्यासा है, उसे मरना पड़ेगा
जो रास्ते खड़े चीखेंगे, चिल्लायेंगे, उन्हें मरना पड़ेगा
जो राह किनारे गहरी नींद सोते हैं, उन्हें भी मरना पड़ेगा
जो बर्फ के सिल्लियों में दबे हैं, उन्हें मरना पड़ेगा
जो राजगद्दी पे बैठे हसँते हैं, उन्हें मरना पड़ेगा
जो निहत्था, निरपराध है, उसे भी मरना पड़ेगा
जो हाथ हथियार से सजा है, उसे मरना पड़ेगा
जो माथे सिन्दूर चढ़ा है, उसे मरना पड़ेगा
जिसके बदन अच्छे हैं, उसे मरना पड़ेगा
जिसके तन बेकपड़े हैं, उसे भी मरना पड़ेगा
जिसका संदूक भरा पड़ा है, उसे मरना पड़ेगा
जिसका गला सोना से जड़ा है, उसे मरना पड़ेगा
तूम चाहे प्रखर शूरवीर कर्ण हो,
या चक्रव्यूह के फँसे अभिमन्यु हो
तुम्हें तो हर हाल में मरना पड़ेगा
तुम्हें हर रोज, हर पहर, हर शहर, हर डगर मरना पड़ेगा
बस जीवित रहेगा- सिर्फ और सिर्फ
वो धीमे-धीमे रेंगता वक्त।

तंग है मेरी दिल्ली

ये 'जामा महजिद' की दिल्ली, या 'इन्डिया गेट' की दिल्ली
ये वीर चौहानों की दिल्ली, या कुर्बान सुल्तानो की दिल्ली
ये होती कुर्बानियों की दिल्ली, या मुसलमानों की दिल्ली
ये जमीन-ए-हिन्दुतान की दिल्ली, या हिन्दूत्व की दिल्ली
ये गालिब की 'नज्म' की दिल्ली, या ससंद की 'बहस' की दिल्ली
इस शहर के 'रंग' बहुत हैं
इस शहर में 'नाराजगी' बहुत हैं
शायद, मेरा ये शहर, 'तंग' बहुत है

ये ताजो की दिल्ली, या बुरे इरादो की दिल्ली
ये लाल-किला की दिल्ली, या लाल लहू की दिल्ली
ये अमर जवानों की दिल्ली, या नशीले युवाओं की दिल्ली
ये पुरानी इमारतों की दिल्ली, या नये मकानों की दिल्ली
ये चोर-लुटेरों की दिल्ली, या शोर-शराबों की दिल्ली
इस शहर के 'रंग' बहुत हैं
इस शहर में 'नाराजगी' बहुत हैं
शायद, मेरा ये शहर, 'तंग' बहुत है

ये 'दिलवालों' की दिल्ली, या 'मरे इसांनों' की दिल्ली
ये 'नमो' की इरादों दिल्ली, या 'पप्पू' की बकैती की दिल्ली
ये 'पराटों' की दिल्ली, या हमारी 'खर्राटों' की दिल्ली
ये मुख्य प्रधान की दिल्ली, या उनके 'बयानों' की दिल्ली
ये जेएनूय की दिल्ली, या उनकी अभिव्यक्ति की दिल्ली
इस शहर के 'रंग' बहुत हैं
इस शहर में 'नाराजगी' बहुत हैं
शायद, मेरा ये शहर 'तंग' बहुत है

ये तेज बरसातों की दिल्ली, या खून के प्यासों की दिल्ली
ये सर्द हवाओं की दिल्ली, या दर्द-दवाओं की दिल्ली
ये नुक्कड़ों की दिल्ली, या नोचते भुक्कड़ों की दिल्ली
ये अभागी 'निर्भया' की दिल्ली, या हमारी शर्म-हया की दिल्ली
इस शहर के 'रंग' बहुत हैं
इस शहर में 'नाराजगी' बहुत हैं
शायद, मेरा ये शहर, 'तंग' बहुत है

ये मेरी अभिव्यक्ति की है, दिल्ली
ये भारत की शक्ति है, दिल्ली
शायद हमेशा जागती हुई भी
कहीं ना कहीं सो रही है, मेरी दिल्ली
'शायद तभी' तंग है, मेरी ये दिल्ली
शायद तभी तंग है मेरी ये दिल्ली।

नोटबन्दी नवम्बर

है नवम्बर की ये जो, नोटों की कहानी
हर जुबाने, हर चौराहे थी इसकी रवानी
कहीं पे लदी थी, नोटों की भरी गड्डी
कहीं पे शोरगुल थी, हर हर मोदी
कहीं हो रही थी वो लाइन बहुत लंबी
कही खड़ी थी, लाइन में एक खूबसूरत बन्दी
है नवम्बर की ये जो, नोटों की कहानी
हर जुबाने, हर चौराहे थी इसकी रवानी

कहीं पे आधी पेट सो गई, वो छोटी बच्ची
कहीं, पे रोती दिखी वो चाची, वो दादी बूढ़ी
कहीं पे खड़ा था, वो बेबस दिव्यांग रोज ही
कहीं पे बरस पड़ी पुलिस की डंडों की वो शोटी
है नवम्बर की ये जो, नोटों की कहानी
हर जुबाने, हर चौराहे थी इसकी रवानी

कहीं पे नाले में बहते दिखे, वो नोट के बन्डल
कहीं पे, बापू को किसी ने पान मसाले में समेटा

कही पे, शादी ना होने के मुद्दे को, किसी ने घसीटा
कहीं पे, मखमल गद्दे पे सोया, हँसता वो पेट मोटा
है नवम्बर की ये जो, नोटों की कहानी
हर जुबाने, हर चौराहे थी इसकी रवानी

ये काले धन की अदृश्य थाली, जो गई थी हमें परोसी
हो रही थी, पक्ष-विपक्ष में रोज बातों की खीचा-खरोंची
हर शहर थी, नोट बदली मुहिम की अफरा-तफरी
कहीं पे बनी रही थी, चाँदी की वो, खूबसूरत चम्मच
कहीं पे ना बन पाई, एक भी, वो सूखी रोटी
है नवम्बर की ये जो, नोटों की कहानी
हर जुबाने, हर चौराहे थी इसकी रवानी।

जिन्दा-लाशों का बोझ

हमने देखा है, लाशों को चार काँधे पे उठते हुए
आज कैसे एक कमजोर काँधा उसे उठा रहा हैं
या तो मेरी चकाचौंध आँखें धोखा खा रही हैं
या उच्चतम मानवता का गला घोटा जा रहा है
या तो शक्ल बदल गई है, खूबसूरत इन्सानियत की
या फिर रिवाज बदल दिया तूने लाशें उठाने की
हमने देखा है, लाशों को चार काँधे पे उठते हुए
आज कैसे एक कमजोर काँधा उसे उठा रहा है

सुना था मोटरगाड़ी बना रखा है, तूने लाशों को ढोने का
लगता है पन्चर हो गया है टायर तेरी हमदर्दी का
सुना था, जिन्दा लाशों की बड़ी सेवा करता है तू इन्सा!
आज लाशों को उठाने,
तेरे काँधे कैसे कम पड़ गये ये बेरहम इन्सा
हमने देखा है, लाशों को चार काँधे पे उठते हुए
आज कैसे एक कमजोर काँधा उसे उठा रहा है

माँझी तो जिन्दा ही मर गया, जब उसे सहारा एक ना मिला

अगर हाल यही रहा, तुझे भी माँझी ना बनना पड़ जाये
थूकने का भी मन ना करें, तुझ पे ये संवेदनहीन इन्सान
पर डर लगे हैं इस घटना से, मुझे ये मेरे खोखली इन्सा
आज तो लाशे काँधे पे उठाई तो जा रही है
कल कहीं ना ऐसा हो, तेरे इस जहरीली शरीर को,
जमीन पे घसीट–घसीट कर
गलियों के आवारा कुत्ते शमशान ना पहुँचाए
गलियों के आवारा कुत्ते शमशान ना पहुँचाए
हमने तो देखा है, लाशों को चार काँधे पे उठते हुए
आज कैसे एक कमजोर कँधा उसे उठा रहा है।

सन्नाटा की फीकी चाय

तेरी किस्मत की बात नहीं कर रहा
पर हकीकत यही है मेरे छोटे सन्नाटा
शायद तेरी जरूरत इन टूटती झाड़ूओं में है
पर मैं चौंक जाता हूँ, तेरे वो हँसी को देखकर
खुद को बड़ा तुच्छ समझने लगता हूँ
तेरे तेज बिजली से दौड़ते पाँवों को देखकर
तेरी किस्मत की बात नहीं कर रहा
पर हकीकत यही है मेरे छोटे सन्नाटा
चाय के बहाने तुमसे थोड़ी बातें कर लेता
कभी खुद को कोसता, कभी तेरी हालात पे रोता
कैसे तू, ये असंख्य बोझों का भार उठा पाता
कैसे तू, उन आवारों कुत्तों को प्यार से दूध पिलाता
तेरी किस्मत की बात नहीं कर रहा
पर हकीकत यही है मेरे छोटे सन्नाटा
तेरे मन की सच्चाई, लगन मुझे झकझोरती
कैसे हर जूठे पत्तलों के साथ तू खेलता
कैसे तू, टूटे प्याली के जख्मी दर्द को झेलता
कैसे तू, अकेले सिसक-सिसक कर रो लेता

तेरी किस्मत की बात नहीं कर रहा
पर हकीकत यही है मेरे छोटे सन्नाटा
अब सूरज ढलने का भी वक्त हो चला
चाय पीने वालों की तादाद कम हो चली
पर जूठे पत्तलों तेरे सामने हजार पड़े है
और तू अब शायद टूट चुका है
तेरी किस्मत की बात नहीं कर रहा
पर हकीकत यही है मेरे छोटे सन्नाटा।

1947- दर्द-विभाजन

जल रहा था कहीं मेरा शहर, कहीं तेरा घर
ये थी उस बटँवारे की हुजुमियत की असर
सुना था कि, तिरंगा आसमान में शान से लहरा रहा था
पर सच कहूँ, इन्सानियत पे, हिन्दु-मुस्लिम का तमगा चढ़ रहा था
सुना था कि, हमारी लाठी गोरे को देश से हकाल रही थी
पर सच कहूँ, हर के कौम अपनी जमीनियत बाँट रही थी
सुना था कि, उस लड़ाई में हमारे काँधे से काँधे मिल रहे थे
पर सच कहूँ, हम शायद अलग देश के सपने सँजो रहे थे
जल रहा था कहीं मेरा शहर, कहीं तेरा घर
ये थी उस बँटवारे की हुजुमियत का असर
सुना था कि, हम एकजुट साझे होकर जंग लड़ रहे थे
पर सच कहूँ, हम ना एक दूसरे पे उँगलियाँ उठा रहे थे
सुना था कि, दोनों की दोस्ती की मिशालें पढ़ी जा रही थी
सच कहूँ, कश्मीर में पाक कबाइली बसाये जा रहे थे
और कश्मीरी पंडितों को जम्मू की ओर खदेड़े जा रहे थे
सुना था कि, भाईचारे की भावनाएँ घाटियों में खिल रही थीं
पर सच कहूँ, हिन्दू पारसी और मुसलमान ईसाई बन रहे थे
जल रहा था कहीं मेरा शहर, कहीं तेरा घर

ये थी उस बटँवारे की हुजुमियत का असर
सुना था कि, वादियों में अमन के फूल खिल रहे थे
पर सच कहूँ, इधर पंजाब, तो ऊधर सिंध जल रहे थे
सुना था कि, भारतीय आवाम में खुशियाँ बिखर रही थी
पर सच कहूँ, लाहौर में हिन्दू आवाम,
गुरुदासपुर में मुसलमानों को काटे जा रहे थे
सूना था कि, भारत माँ का सीना चौगुना चौड़ी हो रही थी
पर सच कहूँ, लाशों से भरी रेलगाड़ी पटरी पे दौड़ रही थी
जल रहा था कहीं मेरा शहर, कहीं तेरा घर
ये थी उस बटँवारे की हुजुमियत का असर
इस हुजुमियत में, एक तरफ फिजा में गुलाल उड़ रहा था
तो दूसरी सरजमीं पे चाँद तारों की चादर खिल रहा था
तो लो भैया, सन् 1947 में हम कुछ युँ आजाद हो रहे थे
तो लो भैया, सन् 1947 में हम कुछ युँ आजाद हो रहे थे।

सन् 2020 का गाँव

अब मुझे गाँव से भी नफरत होने लगी
कच्ची सड़कें क्यों भरने और सँवरने लगीं
दादी अम्मा की डरावनी कहानियाँ क्यों बंद होने लगीं
वो हरी-भरी मजबूत कुर्सियाँ क्यों इतनी सड़ने लगीं
संयुक्त परिवार की प्रचलन क्यों दिन पे दिन हिलने लगी
मचानों पे बैठे कबूतरों की तादाद क्यों कम होने लगी
अब मुझे गाँव से भी नफरत होने लगी
कच्ची सड़कें क्यों भरने और सँवरने लगीं
बारिश में मेढ़क की टरटर की आवाज क्यों बंद होने लगी
हरियाली कम व गर्म हवाएँ क्यों ज्यादा बहने लगीं
शांत गलियों में, रौशनी क्यों ज्यादा बिखरने लगी
फगुनवा में, आसमाँ इतना बेरंग क्यों दिखने लगी
अब मुझे गाँव से भी नफरत होने लगी
कच्ची सड़कें क्यों भरने और सँवरने लगीं
दूरदर्शन की जगह 'SONY' और 'SAB' टीवी क्यों चलने लगी
होली की गीतों के रंग की जगह, बॉलीवुड क्यों ज्यादा पैर खोलने लगी
रविवार वाली वो सुबह और शाम की मस्तियाँ क्यों इतनी बेजान होने लगी
वो गाँव घर की एक मजबूत दीवार
चार-पाँच की गिनती में क्यों बदलने लगी
अब मुझे गाँव से भी नफरत होने लगी

कच्ची सड़कें क्यों भरने और सँवरने लगीं
हरे-भरे लहलहाते खेतों की दृश्य, बंजर जमीन में क्यों खलने लगी
खेतों में बैलों की घन्टी की जगह, ट्रैक्टर इतना शोर क्यों करने लगी
बैलगाड़ियों की जगह, आधुनिक मोटरगाड़ी क्यों तेज तेज दौड़ने लगी
कीत कीत, गुल्ली डंडे जैसे खेलों की जगह,
कम्प्यूटर नसों में क्यों घुलने लगी
अब मुझे गाँव से भी नफरत होने लगी
कच्ची सड़कें क्यों भरने और सँवरने लगीं
अब गाँव की भी आबो-हवा बदलने लगी
गोईठा LPG में तब्दील होने लगी
सूखे से किसान मरने लगे
हम चंचल प्रथा के नशा में खोने लगे
हम आधुनिकता की राह पे चलने लगे
अब मुझे गाँव से भी नफरत होने लगी
कच्ची सड़कें क्यों भरने और सँवरने लगीं
अब मुझे गाँव से भी नफरत होने लगी
अब मुझे गाँव से भी नफरत होने लगी।

जुग्गी बस्ती

हम बस वहीं बस्ती खड़े हैं,
आप क्यों तेज दौड़ रहे हैं

उस बस्ती से तो गुजरेंगे ही सही,
उस जुग्गी पे नजर पसारोगे की नहीं
जहाँ पे हर सड़क खून के निशाँ से रंगे हुए हैं,
जहाँ बच्चा सड़क किनारे बैठा भीख माँग रहा,
जहाँ नंगी जिस्म की बोली लगाई जा रही है,
उस बस्ती से तो गुजरेंगे ही सही
उस जुग्गी पे नजर पसारोगे की नहीं
हम बस वही बस्ती खड़े हैं
आप क्यों तेज दौड़ रहे हैं
जहाँ अभी भी कबाड़ी बेचकर गुजारा हो रहा है,
उसी गली कुचे में पानी का नल बंद पड़ा है,
बच्चे गंदे नाले में कूद नहाकर आए हैं,
उस बस्ती से तो गुजरेंगे ही सही
उस जुग्गी पे नजर पसारोगे की नहीं
हम बस वही बस्ती खड़े हैं

आप क्यों तेज दौड़ रहे हैं
जहाँ नशे में धुत पड़ा बाप लार गिरा रहा है,
जहाँ की नाली सूअर से भरी पड़ी है,
जहाँ की जनता हर रोज मर रही है,
उस बस्ती से तो गुजरेंगे ही सही
उस जुग्गी पे नजर पसारोगे की नहीं
और शर्म आये तो एक काम करना,
बड़े बाबू कोट वाले को एक भ्रमण कराना,
कुछ नजारे साहब के आँखों में पिरोना
हम बस वही बस्ती खड़े है
आप क्यों इतना तेज दौड़ रहे हैं

सन् 2020 की दीपावली

मुझे कोई शिकायत नहीं है,
आपके इन महँगे बम-पटाखों की खरीदी से
मुझे तो शिकायत है,
उन गरीबों के दीये के कम बिकने से
मुझे कोई शिकायत नहीं है,
आपके इन चमचमाती रंग-बिरंगे बल्बों की सजावट से
मुझे तो शिकायत हैं,
कुछ घरों को कम रौशन करते जलते दीये से
मुझे कोई शिकायत नहीं है,
आपके घर में बने रसीले महकते खूब पकवानो सें
मुझे तो शिकायत हैं,
उस बूढ़ी काकी के घर बने थोड़े कम मीठे,
थोड़े कम फीके खीर से
मुझे कोई शिकायत नहीं है,
आपके तन पे चढ़े रंग-बिरंगे खूबसूरत पोशाकों से
मुझे तो शिकायत है,
उन बच्चों के तन पे लटकते कुछ फटे, कुचैले कपड़ों से
मुझे कोई शिकायत नहीं है,

आपकी पूरे मौहल्ले की दी गई दावतों से
मुझे तो शिकायत है,
उस रस्ते भूखे पेट सो पड़े गरीब बच्चों से
हाँ, मुझे थोड़ी शिकायत है, आपके अंदाजे दिवाली से
जब कुछ चौखटे खूब खुशियाँ बिखेरती रहती हैं
और किसी चौकट सिसकियाँ और गम ठहर जाते हैं
हाँ जी, थोड़ी बस थोड़ी शिकायत और कसक है
आपके इस अंदाजे दिपावली के इस त्योहार से।

सामान्य डिब्बे का सफरनामा

बड़ी भीड़-भड़ाका, कही खींचा-तानी, बड़ा शोर-शराबा
जेनरल डिब्बे का ये अनोखा सफर वाह रे भैया वाह
किसी की वो सीटों की बेबसी, कोई कहीं सरपट चौड़ा है लेटा
वो भागा दौड़ी, वो कहीं सूटकेस चौड़ी, कोई पास, कोई फेल
कहीं टूटे पंखे पे लटकी, बदबूदार जूतों का वो साथ
कहीं चल रही दादी-अम्मा की वो रेस्पी की बात
बड़ी भीड़-भड़ाका, कही खींचा-तानी, बड़ा शोर-शराबा
जेनरल डिब्बे का ये अनोखा सफर वाह रे भैया वाह

कहीं अमीरी गरीबी से जा चिपका
कोई हिन्दू मुस्लिम पे जा टिका
ना रंग-रूप देखा, ना भाषा, ना जात देखा
पाँच के सीट पे एकसंग साथ-साथ है बैठा
बड़ी भीड़-भड़ाका, कही खींचा-तानी, बड़ा शोर-शराबा
जेनरल डिब्बे का ये अनोखा सफर वाह रे भैया वाह

कहीं किसी पाँवदान पे कोई मस्तमौला पान चबाये बैठा
कहीं तेज चलती रेलगाड़ी ने किसी को अपने में समेटा

कहीं अन्धे-अपंग की सुरीली आवाज में फैली वो तंग-बेवस झोली
कहीं दरगाह की फैली चादर में खन-खन करती सिक्कों की वो बोली
बड़ी भीड़-भड़ाका, कही खींचा-तानी, बड़ा शोर-शराबा
जेनरल डिब्बे का ये अनोखा सफर वाह रे भैया वाह

कहीं सीएम-पीएम साहबों के, वो काम के चर्चे
कहीं रौंदे अखबारों के बिखरे पड़े, वो मटमैले परचे
कही रामप्यारी चाय की, वो गरमागरम चुश्की
कहीं चनेवाले, मूँगफलीवाले की वो प्यारी सी मुश्की
बड़ी भीड़-भड़ाका, कही खींचा-तानी, बड़ा शोर-शराबा
जेनरल डिब्बे का ये अनोखा सफर वाह रे भैया वाह

एसी में सफर करने वालों, तू क्या जाने
जिन्दादिली से जिन्दगी जीने का एहसास
रुके पंखे और तरबतर पसीने के साथ
चैन-सूकुन की नींद भी हम सो लेते यहाँ
बड़ी भीड़-भड़ाका, कही खींचा-तानी, बड़ा शोर-शराबा
जेनरल डिब्बे का ये अनोखा सफर वाह रे भैया वाह

ये दौड़ती जिन्दगी, ये रौंदती रेल
भैया बस ये सब है, समय का खेल
लो फिर निकल पड़ा, एक अनजाने सफरनामे को
वो पागल कवि उस भीड़भाड़ रेलगाड़ी के साथ
फिर एक नयी दास्ताँ होगी, छुक छुक रेलगाड़ी के साथ
खबर नही उसे, किस मुकाम पे जा ठहरेगी, ये जिन्दगी का साथ
बड़ी भीड़-भड़ाका, कही खींचा-तानी, बड़ा शोर-शराबा
जेनरल डिब्बे का ये अनोखा सफर वाह रे भैया वाह।

जीवन की उधेड़बुन

हाँ, मैं थक गया हूँ, तेरे इस घनघोर कालेपन को देखकर
हाँ, मैं ठहर गया हूँ, तेरे इस तेज-तर्रार रफ्तार को देखकर
हाँ, मैं सहम गया हूँ, तेरे आँखों के काला खून देखकर
हाँ, मैं सिसक गया, तेरे पन्नों की रोज बुरी खबरें पढ़कर
हाँ, मैं जरा ठिठुर गया हूँ, जरा सहम गया हूँ
हाँ, मैं विचलित हूँ, तेरे इस बहरूपी इसांनियत का देखकर
हाँ, मैं कलंकित हूँ, तेरे इस खाऊ बाजार में निकलकर
हाँ, मैं परिवर्तित हूँ, सामाजिक रिवाज को बदलता देखकर
हाँ, मैं अंचभित हूँ, मौन मानवता को सूली पे चढ़ता देखकर
हाँ, मैं जरा ठिठुर गया हूँ, जरा सहम गया हूँ
हाँ, मैं सोते नींद से अचानक जाग उठा, उन बुरे सपनों से सहमकर
हाँ, मैंने कमाना छोड़ दिया, भौगोलिक सुखों की निरसतापन देखकर
हाँ, मैंने लिखना छोड़ दिया, गहरे शब्दों को बाजार में बिकता देखकर
हाँ, मैंने इस शरीर को त्याग दिया, कलयुग के इस भयावह अंत देखकर
हाँ, मैं जरा ठिठुर गया हूँ, जरा सहम गया हूँ
आज ये मेरी कल्पना है, कल आपकी, आगे किसी और की
हाँ, पर थकोगे जरूर तुम, मेरे दौड़ते पगलाते मनुष्य
और रुक कर खुद से ही ये सवाल कर बैठोगे
क्या मैं, इसी जीवन की उधेड़बुन के लिए जी रहा था।

पुकार उस कल्की की

आजकल लोग विचारक कम
विध्वंसक ज्यादा हो गये
रिश्ते का छोला ज्यादा बनाया जा रहा है,
भावनाओं को खुलेआम नंगा नचाया जा रहा है
शुद्ध मानसिकता का पैमाना छोटा हो रहा है
खूनी खेल में गोता ज्यादा लग रहा है
रफ्तार को रोज न्यौता दिया जा रहा है
बातों में कर्कश की मृदुल ध्वनि तेज हो रही है
आजकल लोग विचारक कम
विध्वंसक ज्यादा हो गये
चेहरे पे मेकअप जरूरत से ज्यादा हो रहा है
अच्छी शक्लें बहुरुपी होती जा रही है
आँखों पे पट्टियाँ ज्यादा मढ़ रही हैं
चमड़ी का ढोलक बनाया जा रहा है
प्रेम को चुप्पी में परोसा जा रहा है
कुदरत को डंके की चोट पे उकसाया जा रहा है
आजकल लोग विचारक कम
विध्वंसक ज्यादा हो गये
और मुझे ना उस कल्किरूपी का इन्जतार है
जो, इस कलियुग को इस धरा में विलीन करे।

सामयिक सर्वनाश

सोचो तो, हरएक इस सदी के राम और रावण हैं
बस तुझे, तुमारा कर्तव्य निभाना बाकी है
सोचो तो, हरएक इस सदी की द्रौपदी और सीता हैं
बस तुझे, तुम्हारा मोहक रंग बिखेरना बाकी है
सोचो तो, हरएक इस सदी के संजय और कृष्ण हैं
बस तुझे, तुम्हारा कर्मभूमि पहचाना बाकी है
सोचो तो, हरएक इस सदी के अर्जुन और कर्ण है
बस तुझे, तुम्हारा रणभूमि में जौहर दिखाना बाकी है
सोचो तो, हरएक इस सदी की कैकयी और शबरी हैं
बस तुझे, तुम्हारा ममत्त्व दिखाना व बेर जुटाना बाकी है
सोचो तो, हरएक इस युग के राक्षसी जानवर हैं
सोचो तो, हरएक इस युग में हवशी और पापी हैं
सच है ये, इस युग का पाप का घड़ा लबालब भर चुका है
बस कलियुग की वो अंत क्षण आना थोड़ा बाकी है।

धूल जैसा शख्सियत

जीवन के इस राह में हर तरह के लोग टकराते हैं
पर हर शख्स उस धूल-मिट्टी की तरह होते हैं ना

कुछ चिपकते हैं, कुछ उड़ जाते हैं
कुछ धुल जाते हैं, कुछ घुल जाते हैं
कोई सुन्दर शिल्प में निखरते हैं
कुछ कीचड़ के रूप में मिलते हैं
कुछ बड़े कठोर रिश्ता बना जाते हैं
जीवन के इस राह में हर तरह के लोग टकराते हैं
पर हर शख्स उस धूल मिट्टी की तरह होते हैं ना

कुछ आँखों में देर तक चुभते हैं
कुछ घरौंदे तक साथ देते हैं
कुछ मिट्टी में मिश्रित हो जाते हैं
कुछ ख्वाब बनके सताते हैं
कुछ कुल्हड़ की चाय जैसे होते हैं
जीवन के इस राह में हर तरह के लोग टकराते हैं
पर हर शख्स उस धूल मिट्टी की तरह होते हैं ना

कुछ मवाद से गलगल होते हैं
कुछ गाँजे जैसे नशीले होते हैं
कुछ बोतल जैसे गटकते हैं
कुछ अधूरे स्वप्न से अधूरे होते हैं
कुछ बिस्तर के हमदम जैसे ठहरते हैं
जीवन के इस राह में हर तरह के लोग टकराते हैं
पर हर शख्स उस धूल मिट्टी की तरह होते हैं ना।

अहंकारी मानव

नाच ले, गा ले, खून से खेल ले, तू पागल मानव
हर रंग के मजे ले, जी ले अपने हर एक किरदार को
अभी तू अंधा है, तू अपना अंत भूल गया है
तेरी बस यही एक खता है
तू बाँट ले पवित्र मानवता को
तू फैला ले धर्म साम्प्रदायिकता को
तू नोच खा, हर जीवन्त भावुकता को
क्योंकि तेरी बस यही औकात है
तू अकड़ल, बिगड़ैल अंहकारी जानवर है
एक दिन तेरा भी अंत समय आयेगा
तेरे कानों तले सन्नाटा सा छा जायेगा
तेरे आँखों के सामने अंधेरा सा छा जायेगा
तेरे हाथ पैर की झनझनाहट रूक सी जायेगी
तुझे अपने ही लोग तेरे घर से खेंच खेंच कर
बाहर उस रास्ते पे फुल-माला से सजाए करेंगे
तेरे हर गुण-अवगुण के गाथा विस्तार से सुनायेंगे
भरी दुपहरी में, तुझे उस श्मशान तक ले जायेंगे
तुझे मरा घोषित कर, तेरा मसान बनायेंगे

तेरे हरएक अंग को बड़े धैर्य से जलायेंगे
तेरे शरीर को, कभी उन चील-कौवे का भी आहार बनायेंगे
यह शाश्वत सत्य हर रोज तेरे साथ दुहराया जायेगा
तुझे उस श्मशान ले जायेगा तेरा भस्म बनाया जायेगा
क्योंकि तेरी बस यही औकात है
तू अकड़ल, अहंकारी, पर एक नश्वर जानवर है।

सफर-जिन्दगी

जो भी है, कमाल है ना ये जिन्दगी का सफर
जब ये रुकी, सुस्त रहे, तो रटपट दौड़ने को मन करे
और जब तेज दौड़े, तो ठहरने की दुआ करे
जब खुशी झम से चिपके, गम को फटने ना दे
जम गम की आँधी आये, विराना पागल करे
जो भी है, कमाल है ना ये जिन्दगी का सफर

जब आँखें खुली रहें, बुरा ही बुरा देखन करे
जब बन्द रहें, तो अच्छाई देखे भी क्या करे
जब रूहे कतल हों, मुख चुपी साधे रहा करे
जब छुपा बदन छीले, जोर जोर से चिखा करे
जो भी है, कमाल है ना ये जिन्दगी का सफर

जब कठिन भाव झकझोरे, बन्द दरवाजे में बैठ रोये
जब भाव-विहीन होये, तब ये गहरी नींद में सोये
जब बागों की फुलों को सूँघे, मतवाला हाथी दौड़े
जब जिम्मेदारी का बोझ सजे, कदम लगड़ाये चले
जो भी है, कमाल है ना ये जिन्दगी का सफर

ये कभी सुखे पत्तों की तरह उड़े
कभी ढीठ चट्टान सरीके डटे रहे
कभी कोमल संगीत की तरह बहे
कभी सड़ी लाश की तरह गमके
कभी बागों वाली खुशबू बिखेरे
जो भी है, कमाल है ना ये जिन्दगी का सफर
बहते रहे, सहते रहे, गिरते रहे, उभरते रहे ये सफर।

अधूरी-चाहत

ऐ मेरे हमदर्द ठहर जरा
अभी तो कुछ कर्ज चुकाने बाकी हैं
पड़े है तेरे कुछ दौलत मेरे पास
वो तुम्हें लौटाने बाकी हैं
कुछ गम छुपाने अभी बाकी हैं
बाकी हैं कुछ भीनीं बिसरी यादें के महल
उने भुलाने, तोड़ने बाकी हैं
कुछ खामोशी जताने अभी बाकी हैं
बाकी हैं कुछ अनकहे शब्द
उन्हें तुम्हें सुनाने बाकी हैं
कुछ राहें भटकने अभी बाकी हैं
रह गये कुछ अधूरे नगमें
उन्हें गुनगुनाना बाकी है
कुछ सिसकियाँ दबाने अभी भी बाकी हैं
अभी इस बंजर धरा को
अपने आँसू से भिगोने बाकी है
कुछ शर्म हया मिटाने अभी बाकी हैं
बाकी हैं वो दाग चुबंन के

उन्हें मिटाने बाकी हैं
कुछ वादे निभाने अभी बाकी हैं
अधूरी रह गयी हैं कुछ कसमें
उन्हें रोते पलकों पे सजाने बाकी हैं
ऐ मेरे हमदर्द ठहर जरा
अभी तो कुछ कर्ज चुकाने बाकी हैं।

✍ गहरा जख्म है, भरने में समय लगेगा

✍ मुझे तुमसे नहीं, तुम्हारी उलझे हरकतों से इश्क था

✍ हाँ मैं वही आवारा हूँ, जो तेरी गली में हजार बार घूमकर
बदनाम होने से नहीं डरता था

✍ इश्क उसी चिड़िया का नाम है, जिसके पंख काट दो ना,
वो उड़ने की कोशिश फिर भी करेगा

✍ मेरी हवश की कहानी, तेरी आँखों से शुरू होकर
तेरी आँखों पे ही खत्म होती है

✍ राह में शक्ल तमाम थे, जिन्दा सारे थे,
पर उसकी रूह अकेली थी, डर का कारण यही था

बोलती आँखें

हालाते जिन्दगी बयान करती वो आँखें
जामे शराब सी मदहोश करती वो आँखें
वो सपने दिखाती आँखें वो सोती ना जागती आँखें
वो सजती-संवरती आँखें वो चमकती-दमकती आँखें
वो बेइंतहा प्यार बरसाती आँखें वो नजरें चुराती आँखें
वो जख्मों को छुपाती आँखें वो चाह कर भी ना रो पाती आँखें
हालाते जिन्दगी बयान करती वो आँखें
जामे शराब सी मदहोश करती वो आँखें

रोजमर्रा के काम के बोझ तले थकती-हारती वो आँखें
लहलहाते खेतों को देखकर खिलखिलाती वो आँखें
सुखाड़ में, बारिश की बूँदों को तरसती वो आँखें
आजाद फाँसी के फन्दे पे, बिलखती वो आँखें
हालाते जिन्दगी बंया करती वो आँखें
जामे शराब सी मदहोश करती वो आँखें

हर साजिश में शामिल हैं, ये आँखें
खंजर सी कातिल हैं, ये आँखें
बद से बदसूरत हैं, ये आँखें
तन से खूबसूरत हैं, ये आँखें
कभी हैरान, तो कभी परेशान हैं, ये आँखें
कभी शैतान, तो कभी बेजुबान हैं, ये आँखें।

जिद्दी चिमोकनी धुआँ

एक धुआँ तेरे उस लड़कपन की, एक धुआँ तेरे उस बचपन की
एक धुआँ तेरे उस धुँधली आँखों की, एक धुआँ तेरे उन लाशों की
एक धुआँ तेरे उस तोतलेपन की, एक धुआँ तेरे उस अंतरमन की
एक धुआँ तेरे उस परवरिश की, एक धुआँ तेरे उस तपिश की
इन धुएँ में ओझल हो चली
कभी तेरी सरजमीं
कभी मेरी सरजमीं

एक धुआँ तेरे उस सावन की, एक धुआँ तेरे उस पागलपन की
एक धुआँ तेरे उस जवानी की, एक धुआँ तेरे उस परेशानी की
एक धुआँ तेरे उन जरूरतों की, एक धुआँ तेरे उन शरारतों की
एक धुआँ तेरे उन सिग्गी की कश की, एक धुआँ तेरे उस बेबसपन की
इन धुएँ में ओझल हो चली
कभी तेरी सरजमीं
कभी मेरी सरजमीं

एक धुआँ तेरे उस बस्ती की, एक धुआँ तेरे उस हस्ती की
एक धुआँ तेरे उस जलते शहर की, एक धुआँ तेरे उस उबलते सरहद की

एक धुआँ तेरे उस ऊँची चिमनी की, एक धुआँ तेरे उस मरती दामिनी की
एक धुआँ तेरे उस श्मशान की, एक धुआँ तेरे उस इन्सान की
एक धुआँ तेरे उस कोरे कागज की, एक धुआँ तेरे उस जलते समाज की
इन धुएँ में ओझल हो चली
कभी तेरी सरजमीं
कभी मेरी सरजमीं

कर सको तो कर लो
इस धुएँ को खत्म
नहीं तो जियो इस तरह
और छोड़ दो हजारों सवाल
अपने आनेवाले समाज के लिए।

आज की युवाभक्ति

वाह रे वाह, हमारे देश के जोशीले युवा
हाथ में सिगरेट, हवा में उड़ता धुआँ
तेरी पवित्रता पे बेशक शक नहीं मुझे
पर तेरी लालिमा आँखें धोखा दे रही मुझे
तेरे झुमने पर बेशक शक नहीं मुझे
पर पबों में तेरी की उल्टियाँ मुझे उलझा रही
तेरे पीने के अंदाज पे कभी दुःख ना हुआ मुझे
पर भोले का प्रसाद का ये घनिष्ठ लगाव डरा रहा मुझे
वाह रे वाह, हमारे देश के जोशीले युवा
हाथ में सिगरेट, हवा में उड़ता धुआँ

तेरा छरहरी काया पे बेशक शक नहीं मुझे
पर तेरी मरहुमियत थमी रफ्तार सता रही मुझे
तेरे पराक्रम पे बेशक शक नहीं मुझे
पर तेरी धार थोड़ी कुंठित व दबी सी लग रही
तेरी आँखों की चमक पे बेशक शक नहीं मुझे
पर तेरे जीने की चाह धूमिल सी दिख रही मुझे
वाह रे वाह, हमारे देश के जोशीले युवा

हाथ में सिगरेट, हवा में उड़ता धुआँ

तेरी बेखौफ ठहाके पे बेशक शक नहीं मुझे
पर तेरे अंधकारमय जीवनशैली रूला रही मुझे
तेरे पहनावे पे बेशक शक नहीं मुझे
पर तेरी रोज रोज नग्नता शर्मशार कर रही मुझे
तेरी चीते जैसी चाल पे बेशक शक नहीं मुझे
पर तेरे उलझती मन की व्यथा डरा रही मुझे
तेरी विवेक व विचारों पे बेशक शक नहीं मुझे
पर तेरे चौराहों पर किए घृणित काज याद आ रही मुझे
वाह रे वाह, हमारे देश के जोशीले युवा
हाथ में सिगरेट, हवा में उड़ता धुआँ

तेरी इस जीवनशैली व कुरूप सोच से थोड़ा डर सा लागे है मुझे
तेरी नशीली युवाभक्ति में कहीं युवाशक्ति का गुरूर ना खो दें हम
और कुछ निरुत्तर सवाल ना खड़े हो जाये सामने
क्या फिर, रंगे बसंती तू ला पायेगा
क्या फिर, कोई भगत सिंह, कोई आजाद मिल पायेगा
तेरा खोखला होता शरीर, क्या सरहद पे खड़ा रह पायेगा
तेरा खोखला होता शरीर, क्या सरहद पे खड़ा रह पायेगा
वाह रे वाह, हमारे देश के जोशीले युवा
वाह रे वाह, हमारे देश के नशीली युवा
हाथ में सिगरेट, हवा में उड़ता धुआँ
हाथ में सिगरेट, हवा में उड़ता धुआँ।

✍ हम उतना ही पीते हैं, जितना तुम हमें पीती हो

✍ ये जाम है या जहर बता दे जरा तू ये मेरे गालिब
हर घूँट के साथ हिचकी बड़ी जोर की आती है
हर छलकता बूँद, प्यालों पे काबू करती हैं
कभी मेरी भावनाएँ मुझे तेरी याद दिलाती हैं
कभी ये जाम मुझे आगोश में सुलाती हैं
ये जाम हैं या जहर, बता जरा मुझे

✍ तेरी आँखो में वो नशा कहाँ अब पहले जैसा,
शराब की लत यूँ ही थोड़ी लग गई मुझे

✍ जिस दिन शराब पीता हूँ
बातें बेहिसाब करता हूँ

✍ माना, मैं आशिक हूँ आपके अंदाज का
पर, शराब का यूँ हिसाब ना माँगिए मुझसे

✍ शराब और शबाब ही क्यों हमेशा दोषी
कुछ दोष बोतल को भी दिया करो

✍ एक नशा था अपने साथ, वो भी उतर गया धीरे-धीरे

✍ शराब की बूँदें, या यादों का कारवाँ,
महँगा कौन है, जबाब दे दो एक दफा

✍ शराब को शराब ही कहा करो
नशा तो हर चीज की होती है

✍ शराब में बर्फ की सिल्ली डालो या पुराने गम की गोली
उसमें डूबना भी तुम्हें है और उससे उभरना भी तुम्हें है

✍ जामे-इश्क और हुस्ने-इश्क में बराबर का नशा होता है
गलियाँ सौं दफा महक उठी हैं, दोनों आदत के कारण

✍ मयखाने में बूँद-बूँद दारू रिसता है,
तेरी यादें धूँ-धूँ करके जलती हैं

✍ शराब की कहानी कुदरती होती है,
कभी मेरी मुँह लगती, कभी तेरे मुँह

✍ मैं उस शराब और शीशे के मिलन के दरमियान,
उठे मीठे भवर पे, निशब्द हो जाता हूँ

✍ शाम है, शराब है, आवाज है
मेरे पल-पल का हिसाब है

✍ पी-पीकर जिन्दा हूँ, या पीने को जिन्दा हूँ
इसका हिसाब साथ बैठ कर करेंगे गालिब

शहीदी बेटियाँ

देख ना माँ, अब तू क्यों रो रही है
बेटों के साथ बेटियाँ भी शहीद हो रही हैं,
पहले वो लाल जोड़ों में घर बसाने जाया करती थीं,
अब वो लाल कफन पहन सरहद को बचाया करती हैं
पहले वो विदाई में आँसू बहाया करती थीं
अब वो सरहद पे बन्दूक से आतंकी को रूला रही हैं
देख ना माँ, अब तू क्यों रो रही है
बेटों के साथ बेटियाँ भी शहीद हो रही हैं

पहले वो घरों का चौका-बरतन सजाया करती थीं
अब वो चौकी पे दुश्मन से भिड़ जाया करती हैं
पहले वो नयन कजरा लगाया करती थीं
अब वो मर्दों से कदम मिलाया करती हैं
देख ना माँ, अब तू क्यों रो रही है
बेटों के साथ बेटियाँ भी शहीद हो रही हैं

पहले वो कानों की बालियां को पागल हुआ करती थीं
अब वो बेखौफ सरहद पे गोलियाँ खाया करती हैं
देख ना माँ, अब तू क्यों रो रही है
बेटों के साथ बेटियाँ भी शहीद हो रही हैं।

संवेदनशील तुच्छ मनुष्य

तू एक भँवर में जीता है
तू एक अधर में जीता है
तू खूबसूरत कल में जीता है
तू बदसूरत पल में जीता है
तू अनछूई ख्वाहिश में जीता है
तू जिस्म की नुमाइश में जीता है
तु छुपते चाँद में जीता है
तु खूनी धरा के मखमल पे सोता है
तु लुढ़कते सूरज के अचल भाव में जीता है
तू काँपते स्वास के प्रचलन में जीता है
तू अधमरे हृदय के पुकार में जीता है
तू काली अंधेरेपन में रेगता है
तू दौड़ते आज में जीता है
तू अनदेखे भविष्य में जीता है
तू अधूरे क्षण में जीता है
तू मन के प्रश्न को ढूँढ़ता है
तू बहता है, फिर रुकता है
तू लड़खड़ाता है, तू दौड़ता है
तू फड़फड़ाता है, तू पीटा जाता है
तू घसीटा जाता है, तू मारा जाता है
तू वही पागल चेतनाशील मनुष्य है
तू वही संवेदनशील मनुष्य है
तू वही तमगाई ब्रह्मा की सोच है
तू नश्वर है, तू वही तुच्छ सा मनुष्य है।

कौतुहल मेरे मन की

ऐ कौतुहल, मेरे मन की
तू रुक जरा, ठहर जरा
तू ब्रहमा की उपज है, तू भोले का प्रसाद है
तू कभी शांत है, तू कभी प्रतिशोध है
तू कभी काम है, तो कभी माया है
तू कभी दोष है, तो कभी लालच है
तू कभी अहंकारी है, तो कभी दानव है
ऐ कौतुहल, मेरे मन की
ऐ कौतुहल, मेरे मन की
तू रुक जरा, ठहर जरा

तू इस शरीर को जीवित खाता है
तूझे ऐसा करने में बड़ा मजा आता है
तेरी औकात बड़ी है, पर मेरे सोच पहाड़ जैसी चौड़ी है
तेरी चचंलता बड़ी तेज है, पर मेरे तेजस्व के सामने वो धरी पड़ी है
ऐ कौतुहल, मेरे मन की
तू रुक जरा, ठहर जरा

मान, तू ही इस संसार का विनाशक है
माना, इस युग में आसाँ नहीं, तुझपे काबू कर पाना
पर इतना कठिन भी ना, तुझे तेरी भसड़ औकात दिखाना
तेरी गति बहुत तीव्र है, पर तू भी कही ना कही बेबस है
तेरी ना कोई रूप है, ना काया है
तेरा बस एक भय सबों में समाया है
ऐ कौतुहल, मेरे मन की
तू रुक जरा, ठहर जरा

तू न आज मेरे अंदर है, ना कल किसी में होगा
तू दौड़ता आया है, दौड़ता रह जायेगा
कभी मेरे शरीर को, कभी दूजे शरीर को
पर तूझे तुम्हारी मुकमल मकाँ ना मिल पायेगा
ऐ कौतुहल, मेरे मन की
तू रुक जरा, ठहर जरा।

बहुरूपी चेहरा

हँसता-रोता है ये चेहरा, बड़ा रंग बदलता है ये चेहरा
तेरी बेबसी का आलम बहुत खूब बयाँ करता ये चेहरा
दुनिया से अनजान, बेपरवाह सोता, वो मासूम सा चेहरा
आँचल से प्यार बरसाता, दुलारता, वो ममत्व वाला चेहरा
तुझे बोझ ना समझ, दौड़ता, भागता, वो पितृत्व सा चेहरा
रिश्ते नातों वाली, खोखली-बेलगाम वो चतुर सा चेहरा
हँसता-रोता है ये चेहरा, बड़ा रंग बदलता है ये चेहरा
तेरी बेबसी का आलम बहुत खूब बयाँ करता ये चेहरा

जूठन माँजता, हँसते-गाते, नाचता वो एक सन्नाटा चेहरा
पिज्जा बरगर खाता, अकेला तन्हा लटका वो एक चेहरा
चन्द सिक्कों के लिए हाथ फैलाया, वो बेचारा एक चेहरा
बड़ी कारों में बैठा इतराता, वो गौरवान्वित एक चेहरा
हँसता-रोता है ये चेहरा, बड़ा रंग बदलता है ये चेहरा
तेरी बेबसी का आलम बहुत खूब बयाँ करता ये चेहरा

सूरज की तपिश में जलता-झुलसता, वो मेहनती चेहरा
चाँद की आगोश में खिलता, वो ख्याल बुनता चेहरा
खेतों में पसीने के साथ सो जाता, वो एक खेतहरी चेहरा

करोड़ों रुपये के मखमल पर ना सो पाता, वो बेचैन चेहरा
हँसता-रोता है ये चेहरा, बड़ा रंग बदलता है ये चेहरा
तेरी बेबसी का आलम बहुत खूब बयाँ करता ये चेहरा

बंद कमरों में उदास, गुमसुम रोता-बिलकता, वो चेहरा
चौक-चौराहे पर पागलों की तरह हँसता-सोता वो चेहरा
बुढ़ापे के गम को चुपाता वो झुर्रियों वाला, वो एक चेहरा
भूख-प्यास से, तड़प कर मरता वो एक बेसहाय चेहरा
हँसता-रोता है ये चेहरा, बड़ा रंग बदलता है ये चेहरा
तेरी बेबसी का आलम बहुत खूब बयाँ करता ये चेहरा

पगड़ी और लाल तिलक से, वो एक अभिमानित चेहरा
लम्बी दाढ़ी और टोपी पहने, वो एक भयभीत चेहरा
पर्दे-बुरकों में, सभ्यता को सम्मानित करता, वो चेहरा
अर्ध-नग्न पोशाकों में, देश को अपमानित करता, वो चेहरा
हँसता-रोता है ये चेहरा, बड़ा रंग बदलता है ये चेहरा
तेरी बेबसी का आलम बहुत खूब बयाँ करता ये चेहरा

सूली पे चढ़े, माटी की लाल का, वो खूबसूरत चेहरा
नशे में धूत, लाली आँखों वाली वो एक बदसूरत चेहरा
हाथों में सजे तलवार, लहू से लाल, वो अपमानित चेहरा
घरों में छुपे सहमे, दुबके, वो खौफनाक भयभीत चेहरा
हँसता-रोता है ये चेहरा, बड़ा रंग बदलता है ये चेहरा
तेरी बेबसी का आलम बहुत खूब बयाँ करता ये चेहरा

अपने ही शब्दों में फँसता, मेरी कविता का ये चेहरा
अब नफरत सी हो गयी इन बहरुपियों चेहरे के रंग से
है गुजारिश, कर सको तो एक काम कर दो जरा
उतार फेकों ये बदलता, समाज को तोड़ता चेहरा।

काली कलूटी रात

इस काली कलूटी रात से ज्यादा काला तो तेरा मन था
एक कोढ़ थी, सब सवालों का, जबाबों का, एहसासों का
जाने अब कौन सी लहर में, वो कागजी ढेर उड़ पड़ा है
कहकर हमें हमसफर, जाने वो शख्स अब किसे मिल रहा
इस काली कलूटी रात से ज्यादा काला तो तेरा मन था

बसा था, एक भाव पहर पे, अब वो भाव भी शिथिल है
कोमल कोहनी से जो घाव दिए, वो निशाँ अब छूट रहा
मेरे हाथ के लकीरें बदल, हाथ कहीं और जा मिल पड़ा
इस काली कलूटी रात से ज्यादा काला तो तेरा मन था

एक भँवर लिखी थी, मैंने रेंग-रेंग के, तेरे कोपल नयन पे
कुछ गुत्थियाँ भी सुलझाई थी, उस काली कमीज बदन पे
रह-रहके सिसक-सिसक, मिले थे कभी उन दागी चुंबन पे
ना जाने अब कौन, उस अमिट दाग को हर पहर धो रहा है
इस काली कलूटी रात से ज्यादा काला तो तेरा मन था

पर अब ना, पुरानी तमन्नाओं का कोई शोरगूल काटता है
ना ही उस काली सलवार का कोई कोना छुअन करता है
अब ना हमारे प्रेम मिलन पे, कोई पेड़ के पत्ते हँसते हैं
अब ना मैं कहता, इस रात को काली, ना तेरे मन को गोरा
इस काली कलूटी रात से ज्यादा काला तो तेरा मन था
इस काली कलूटी रात से ज्यादा काला तो तेरा मन था।

✍ ट्रेन और यादें अक्सर उस शहर से दूर चले जाते हैं,
जहाँ इश्क का घरौंदा आप काफी मेहनत से बनाते हो

✍ जिस चौखट पे दीया जलना अच्छा लगता,
वो चौखट अँधेरे का कारण पूछ रही मुझसे

✍ इश्क को बेदाग ही रहने दीजे,
जमाना काफी हैं, दागी बनाने को

✍ पता नहीं, किस चाह में अनजान सी गलियों में दौड़ जा रहा हूँ,
कभी खुद को तसल्ली दे रहा, कभी दूजे को मोहल्लत दे रहा

✍ मुझे लोगों का खो जाने का उतना गम नहीं है
जितना उनकी नासूर यादों का घर बसा जाना

✍ मोहब्बत तुमसे रिश्ता नहीं रखना चाहता मैं,
तू दिमाग का दही कर देता है यार

✍ एक बार दिल खोलकर तो बोल देती पगली,
तेरी विदाई की पालकी का एक कोने का वजन,
हम हँस-हँस के उठा कर दिखा देते

✍ मेरी आकांक्षा है कि, वो मेरी हो जाए,
पर उस बेकाबू आग पे, नंगे पाँव चलू कैसे

✍ गहराई शब्दों में होनी चाहिए
गहरे रिश्ते दो शब्दों से, या तो टूटते हैं, या बनते हैं

✍ अब कब आओगे तुम,
मैं अनंत की ओर चल पड़ा

✍ तुम शादी के लाल जोड़े में सजकर तो निकल पड़ी
तुम्हें इसके पीछे छुपे असंख्य बोझ का अन्दाजा नहीं।

✍ हमारे प्यार करने भी अंदाज सबसे जुदा था
हम उसके सलामती के लिए 'गीता' पढ़ रहे थे
वो हमारी खैरियत के लिए 'कुरान' तगबीर कर रहे थे

✍ फकीर व फक्कड़ इश्कजादे सड़कों पे सोया पाया मैंने
पता पूछा, दोनों का इशारा तेरे महल की ओर था

✍ तुम्हारी तृप्ति होंठों से शुरू से होती है
और जीभ के स्वाद पर खत्म हो जाती है

✍ अंदाज का पता नहीं, हम उसके आवाज के कायल है

✍ मैं टूटते हुए रिश्तों को बहुत करीब से देखा,
रिश्तों से ज्यादा उगलियाँ हालात पे उठती हैं

✍ किसन-मीरा की पूजा नहीं होती,
सिर्फ लतीफे सुनने को मिलते हैं,
राधा-कृष्ण की आरती उतारी जाती,
पता नहीं, विरह किसका ज्यादा था
हकदार कौन था!

✍ वक्त की बेवसी तो देखो आज
नींदों को ले चली ख्वाबों से दूर

✍ एक वबंडर सा मिलना, उस समुंदर सा मिलना

✍ प्यार का रंग, हर युग में एक समान था
पर कलयुग में, ये रोग बहुरंगी हो चला

विरासत की वो बात

विरासत को रास कहाँ आती मेरी 'आज वाली नींद'
यादें हर पहर खेंच ले जाती हैं, मुझे उस नदी किनारे
मेरी आँखें उबाल करती हैं, उस जश्न पहर पे
वो पहर फिर जोर ठहाके लगा देती है मुझपर
उस नदी किनारे, मिला था एक छाँव उस दुपट्टे का
उस दुपट्टे का रंग, थोड़ा ज्यादा चटक पीला था
विरासत को रास कहाँ आती मेरी 'आज वाली नींद'
यादें हर पहर खेंच ले जाती हैं, मुझे उस नदी किनारे

चाँद-बदरिया के बोझों का गथ्था उबलता था बेवक्त
कानों पे झुमके, धरती की तरह डोलते थे हर रोज
कानी उँगली के सिहरने सजते थे, आसुँओं के बोझ
फिर रूठने-मनाने का दस्तूर खेला जाता था, हर रोज
विरासत को रास कहाँ आती मेरी 'आज वाली नींद'
यादें हर पहर खेंच ले जाती हैं, मुझे उस नदी किनारे

सर्द हवाओं में, कंधे को कभी नर्म तकिया बना सोते थे
और अमावस पे, उस तकिये को थोड़ा खरोंचा करते थे
खरोंचे दाग को फिर सिहर सिहर के पोंछा करते थे

बड़ी बदहवासी और बेहोशी में सोते थे हम किसी रोज
विरासत को रास कहाँ आती मेरी 'आज वाली नींद'
यादें हर पहर खेंच ले जाती हैं, मुझे उस नदी किनारे

पर हम भी तुमसे कम हठी नहीं थे, ऐ मस्त नदी!
ना तेरे किनारे पड़ी एक बूँद को कभी आँखों में झपके
ना उस पीले दुपट्टे को, कभी खुद से लपेटे
ना फबक-फबक कर रोते दिखे किसी को
बस एक टीस लिए, घूमे पड़े हैं हर चौक-चौराहे
और झूठी हँसी का कारोबार कर रहे, हर दोपहरी।

✍ रात के अंधेरे को अब कहाँ छुपाऊ,
आकर, तू ही उजाला कर दे समा में

✍ कुदरत का कमाल तो देखो, बरसात रोज कराते हैं,
पर मेरी प्यास की गहराई पर सवाल तक नहीं किए

✍ झमाझम बारिश थमने का नाम ही नहीं ले रही
ये जिद्दीपना मुझे किसी की याद दिलाए जा रही

✍ गर रास ना आती मेरी बातें,
तो गुफ्तगु करनें का क्या फायदा

✍ रौंधे रौंधे, आधे आधे, छुपते छुपाते,
बच बचाके कहाँ चल दिए चाँद

✍ उसके चमकते दिलकश चेहरे पे चार-पाँच तिल थे शायद,
पर लब के ऊपर वाला तिल, ज्यादा कत्ल करता था मेरा

✍ मेरी निगाहें मुझे वापस कर दे अब,
तेरी निगाहों से देखने की कोशिश की,
धोखे, दर्द के सिवाय कुछ हासिल ना हुआ

✍ उन मुरझायी गुलाबों की पंखुड़ियों का
तकिये बना, उसे महसूस करने की कोशिश करे

✍ कयामत किसको कहते हैं, बस वो दिन जानता है
और गवाही में लिए वो खूबसूरत रात है मेरे पास

✍ ये जो केशों में लाल फूल सजा रही हो ना,
बगीचे का रास्ता भूल गया है वो गुलाब

✍ ये अंगीठी पे पके चाय की मिठास,
तेरी कही हुई प्यार भरे शब्दों से कहीं ज्यादा है

✍ मैं तो हाथों को चूमा करता था
तुम्हारे होंठ क्यों थर्रा जाते थे

✍ प्यार मीरा का था
जो पिया को बिन देखे
जोगण हो गयी थी

✍ यादें जितना पालोगे, वो उतना ही बड़ा होता जायेगा

आजाद रहूँगा मैं

एक हुजूम लगा है आजादी को छूने का,
हर एक परिंदा कोशिश में लगा है
मैं अपनी आजादी हासिल करने को,
कुछ इस अंदाज में कोशिश करूँगा
जिस दिन तेरे जलालत पर जोर-जोर से हसूँगा,
उस दिन आजाद रहूँगा मैं
जिस दिन तेरे जज्बातों को पिंजरे में कैदकर दूँगा,
उस दिन आजाद रहूँगा मैं
जिस दिन तेरे साँसों पे चढ़कर ताण्डव करूँगा,
उस दिन आजाद रहूँगा मैं
जिस दिन तेरे अल्फाजों को दबाकर तुम्हें चुप कर दूँगा,
उस दिन आजाद रहूँगा मैं
जिस दिन तेरे हलक को खेंचकर, तुम्हें गूँगा बना दूँगा,
उस दिन आजाद रहूँगा मैं
जिस दिन तेरे आँखें नोंचकर, किसी को दान करूँगा,
उस दिन आजाद रहूँगा मैं
जिस दिन तेरे हरे-लाल रंग का हिसाब कर दूँगा,
उस दिन आजाद रहूँगा मैं

जिस दिन सड़क पे पड़े लाल लहू को धूल दूँगा,
उस दिन आजाद रहूँगा मैं
जिस दिन तेरे पैर मरोड़कर, तुम्हें अपंग बना दूँगा,
उस दिन आजाद रहूँगा मैं
जिस दिन तेरे प्रेमभूत रंग पे पिशाब कर दूँगा,
उस दिन आजाद रहूँगा मैं
जिस दिन तेरे बहकते रवानी छीनकर, तुम्हें पंखे से लटका दूँगा,
उस दिन आजाद रहूँगा मैं
जिस दिन तेरे वहशीपना को सरे बाजार नंगा कर दूँगा,
उस दिन आजाद रहूँगा मैं
जिस दिन तेरे शातिर मुखौटे को खंजर से कत्ल कर दूँगा,
उस दिन आजाद रहूँगा मैं
जिस दिन तेरे रुके कलम उठाकर, मैं लिखना शुरू कर दूँगा,
उस दिन आजाद रहूँगा मैं
हाँ, उस दिन आजाद रहूँगा मैं।

मानव-लाश चला श्मशान की ओर

मैं एक दिन सोते-सोते सड़ जाऊँगा, अधमरा सा हो जाऊँगा। शरीर से सड़े मछली जैसी बदबू आने लगेगी, नजदीक आओगे तो बिन ब्याही प्रेगनेंट लड़की की तरह उल्टियाँ कर दोगे, पर जरूर आना, चार मजबूत काँधे को लेकर आना, मेरे शिथिल और वजनदार शरीर को उठाना। मेरी लाश उठाकर सड़क के एक तरफ लिटा देना। आस-पड़ोस की भीड़ को जमा कर लेना, मेरी नाक में रूई ठूँस देना। उजली पोशाक में मेरा नंगा बदन लपेट देना। मुझे जिस सड़क किनारे लिटाओगे, उसी सड़क के बगल में बहने वाली बदबूदार नाली में पैदा हुए सुअर के बच्चे में मेरी आत्मा फुर्र करके घुस जायेगी, पर उस सुअर को जोर-जोर से लतिया देना, ताकि कल मेरी आत्मा तुम्हे तंग ना करे। अब जल्दी से काँधा देकर श्मशान तक मुझे पहुँचा देना, ज्यादा देर ना रखना, वरना बदन की बदबू और तेज हो जायेगी। फिर बेबजह बर्फ की सिल्ली का खर्चा बढ़ जाएगा। 'राम नाम सत्य' की फुसफुसाहट के साथ एक हुजुम लेकर निकल पड़ना। फिर उस श्मशान के किनारे गाँजे पीते डोम को बोलकर, उससे पैसे की चिल्लम चोट करके, चन्दन की लकड़ियाँ खरीद कर, उस मौत की शैया पर सजा कर मुझे लिटा देना। पंडित के कथनी और करनी के अनुसार मुखाग्नि देना, आग के तेज आँच पे पहले मेरी ऊपर वाली पतली चमड़ी चलेगी, फिर हड्डी और माँस

के बीच दौड़ते कैमिकल जलेगा, धीरे-धीरे कपड़े व शरीर एकसाथ धधक धधक कर जलेंगे। पर बेजान खोखला सा वो मस्तिष्क का कठोर भाग इतने आसानी से नहीं जलेगा। दूर बैठे डोम को बोलना, उसे मजबूत लकड़ी से जोर-जोर से मारकर फोड़ दे। मेरी अच्छाइयों का गुनगान मेरे जलने के दौरान कर लेना। भभक-भभक कर शरीर का हर हिस्सा जलकर भस्म का रूप धारण कर लेगी। चील-कौवे का झुण्ड भी आसमाँ में अधपके लोथड़े के छूटने का इन्तजार कर रहे होंगे। अब तुम अपने घर की तरफ, अपने परिवारजनों के साथ चल देना। पर एक बारी श्मशान का वो नजारा, आँख उठाकर जरूर देखना, आस-पास मेरी ही तरह तेरह और लाशें जल रही होंगी। कौवे चील का झुंड आसमाँ में हुबहू घात लगाए उड़ रहा होगा। कई लोग हूबहू आपके तरह रोते और अच्छाइयों का गुणगान करते दिख जाएँगे और उस श्मशान की वो ढलती शाम, तुमे जीवन रूप की सच्चाई से और रूबरू कराते जायेगी।

साइड लोअर शीट

मेरा शीट साइड लोअर, मेरी फेवरेट! उस सफर में, वो ट्रैन पटरी से ज्यादा, हमारे अधूरे रिश्ते के ऊपर तेजी से दौड़कर दूर जा रही थी। जो बार-बार मुझे धिक्कार रही थी, पर मैं हैडफोन लगाकर आस-पास के लोगों को पढ़ने की कोशिश कर रहा था। बगल के बर्थ पे बैठे लव बर्ड को देखकर एक छल-कपट वाली फीलिंग दौड़ रही थी। मन किया, लड़के से पास जाकर धीरे से उसके कान में कह दूँ, गुरु भग लो चूतिया मत कटवाओ। फिर मैं अपने बर्थ वाली खिड़की खोलकर बाहर ठंडी हवा का झोंका महसूस करने लगा। बगल के लोअर बर्थ पे एक शादीशुदा को बड़े नीरसता के साथ पूरी सब्जी खाते दिखा। पता नहीं वे दोनों खाने से इतना खफा क्यूँ थे, नमक कम था, या प्यार कम, माजरा समझ नहीं आ रहा था। साइड अपर पे उन्नीस साल का लड़का चार्जर को बार-बार चार्जिंग पॉइंट में ठूँसने की कोशिश में लगा था। और रह-रहकर बेवसी वाली मुस्कान मेरी तरफ दिए जा रहा था। मेरे ऊपर वाले बर्थ पे बैठी बन्दी ना जाने कितने साल से नहीं सोयी थी। बगल के एक और लोअर बर्थ पे, पचपन साल के दम्पती दवाई की पोटली खोलने और डॉक्टर के लिखी पर्ची को अपने चश्मे से पढ़ने में व्यक्त थे। बगल की आंटी जी का चुलबुल रोनित बार-बार जिद किये जा रहा था- ''मम्मी मुझे बगल में मोहनी और अमित के पास जाकर आइस-पाइस गेम

खेलना है"। वो कॉलेजी छोरे की तरह बार बार खुद की आजादी की बात कर रहा था। पर माँ-बाप बार-बार उसे दिल्ली पुलिस की तरह आँखें दिखा कर शांत कर देते। इसी बीच मेरी लखानी की चप्पल को अपनी फिरकी से किसी अश्विन भाईसाहब ने अपने पाले में खेंच लिए। वो बंदा अभी तक चार्जर को सही ढंग से टिकाने में परेशान है। पति-पत्नी अपने अपने बर्थ पे हवा वाली तकिया फुलाकर आँखे मूँद लिए। उस बूढ़ी दादा दादी की दवाई वाली पॉलीथीन भी चड़-पिड़ की आवाज करना बन्द कर दिया। और ऊपर की बन्दी अब उठ गई है, कानों के पीछे बाल को टिकाकर, मुझे धीरे से एक्सक्यूज मी बोली है।

शायद अब मेरे बगल बैठकर खिड़की की ठंडी हवा को महसूस करना चाह रही है। पर अब मुझे नींद आ रही है।

लाल इश्क वाली वो पहली मुलाकात

चौबीस अक्टूबर 2013 की शाम के सात बजे थे। प्रेम(काल्पनिक पात्र) अपने तैलीय त्वचा को 'क्लीन & क्लीयर' से जल्दी-जल्दी घसकर चमकाये जा रहा था। फिर 'रेंगलर की जीन्स और जॉन प्लेयर की शर्ट' पहनकर, आईने के सामने खड़े होकर, बार-बार मन-ही-मन चवन्नी मुस्कान की फहवारे, शमा में बिखेरे जा रहा था। फिर जल्दी से 'फिला' के जूते की लेज बाँधकर अपने रूम से निकला। बाहर बस की हॉर्न बार-बार बज रही थी। वो तेजी से बस की तरफ दौड़ और अपनी फेवरट विंडो वाली सीट पे बैठ गया। फिर हेडफोन को कान में ठूँसकर 'रंग शरबतों के' गाने को रिपिट मोड में प्ले कर दिया।

अभी पूने एक्सप्रेस को खुलने में पूरे एक घंटे का समय बचा था। प्रेम बस के कोने वाले सीट पे बैठे वाट्सअप पे स्नेहा (काल्पनिक पात्र) के सतरंगी इन्द्रधनुष की तरह आते हर 'हरे रंग' के मैसेज से रंगरेज हुए जा रहा था। आज उसे खुद को और स्नेह को, इश्क के दरिया में जो डूबाना था। बस के 'सरदार चौक' पे पहुँचते ही, प्रेम बेजान पैर से तेजी से स्टेशन की दौड़ा। दौड़े भी क्यों ना, प्रेम की स्नेहा, दो महीने के लिए उससे दूर, मुम्बई जो जा रही थी।

स्नेहा भी पूने राजधानी एक्सप्रेस में बैठी, पहली बार इस गतिमान ट्रेन

की लेट होनी की दुआ 'सुरेश प्रभू जी' से कर रही थी। प्रेम हेडफोन में 'अभी ना जाओ छोड़कर' सॉंग लगा प्लेटफॉर्म टिकट वाली कतार में बेचैन खड़ा था। वो 5 रुपये वाली कागज की टिकट प्रेम की वरदानी चिट्ठी साबित होने वाली थी।

शताब्दी के पायदान पे खड़ी 'स्नेहा' अपनी माँ-बाबू जी से झूठी गुफ्तगु किये जा रही था। प्रेम को डबल टिक के साथ ब्लू रंग का मैसेज आया 'कोच नं. A3, सीट नं. 4'।

बस वो बावरा काँपते पैरों और चमकती आँखों के साथ 'A3' की तरफ बढ़ने लगा। वो समय ऐसा था, मानो 'पेशवा बाजीराव' को अपनी मस्तानी की झलक सालों साल के बाद होने जा रही हो।

प्रेम A3 के पास वाले 'Wheeler चाय स्टाल' पे 10 रुपये की कॉफी ली और उसे BlackDog की महँगी पेग समझ कर धीरे-धीरे पीते हुए, निगाहें स्नेहा की हरकतों पे गड़ाये हुए था। स्नेहा भी अपने माँ-पापा से बात करने के बहाने बार-बार 'उड़ता किस' प्रेम की तरफ रॉकेट की तरह फेंक रही थी। उस भीड़-भाड़ प्लेटफार्म पे प्रेम और स्नेहा की बातें प्यासी आँखों से हो रही थी। दोनों इश्क के समुंदर में इस कदर डूबे जा रहा थे, जैसी मताली वाला खुमार गाँजे पीने के बाद चढ़ता है। दोनों के चेहरे पे दिल को गुदगुदाने वाली मुस्कान थी और ट्रेन की और लेट होने की दुआ स्नेहा बार-बार जोर-जोर से बॉय-बॉय बोल के प्रेम का ध्यान, उस 'BlackDog वाली कॉफी' से अपने तरफ खेंचने की कोशिश कर रही थी। पर मैन वील वी मैन!

प्रेम का मन ये गुलेटियाँ मार रहा था, कास वो भी 'इस' खूबसूरत शताब्दी में स्नेहा का हमसफर बन पाता, पर प्रेम के 'पॉकेट की हालत' और 'भारतीय रेल के रूल' उसको ये इज्जात नहीं दे पा रहा था। 'स्नेहा' भी उस सर्द के मौसम में शताब्दी एक्सप्रेस की वातानुकूलित हवा को छोड़कर अपने कोच के पायदान पे बैठकर, 'प्रेम ठंडी हवा का झोंका' वाली कहावत को सही सिद्ध किए जा रही थी।

ट्रेन खुलने का वक्त भी हो आया। ट्रेन खुली, प्रेम की क्लिन & क्लियर वाली चेहरी की चमक अचानक से फीकी पड़ गयी और अचानक से उसकी BlackDog वाली चाय का नशा भी फट सा गया। दोनों की आँखें बिना किसी ग्लिसीरीन के यूज किए रूदाली कर बैठा। ट्रेन की गति धीरे-धीरे तेज होती गई। और प्रेम की दौड़ भी फुहार ले उठी, पर प्लेटफॉर्म का आखिर छोर दोनों के लिए भारत-पाक की बॉडर की लकीर साबित हुई। भारी मन से प्रेम वापस लौटा और स्नेहा 3Ac की सूखी साफ चादर को अपने सिसकते आसूँ से भिगो दी। दोनों की बिछड़न की बैचेनी की आग 'माउन्ट एवरेस्ट' के शिखर पे पहुँच गया। पर जुदाई भी कहीं ना कहीं प्यार को बढ़ाने का एक तरीका होता है। जो प्रेम से दूर जा रही स्नेहा को, दोनों को और करीब ला दिया। और वो व्हाट्सअप की हरे रंग का रोज का खेल कब लाल इश्क में बदल गया दोनों अन्जान थे इससे।

✍ मोहब्बत का नाम खून से लिखा था,
लोग लाल रंग बता, साफ कर दिए

✍ इशक का रंग दोनों तरफ एक सा था,
एक बुझ गया, एक जलता रह गया

✍ कतरा खून का हो या मोहब्बत का,
दर्द सबके बहने से होता ही है

✍ चाँद को चाँद ही रहने दो, उसे महबूब का नाम ना दो।

✍ इन सूनी आँखों में काजल कर लिया करो,
उन कजरारे आँखों को देखने को, बहुत दीवाने बेचैन बैठे हैं

✍ जियो, एक बार मीरा की तरह प्रेम व विरह के भाव को,
इस दौर का हर किसना, दौड़ा चला आयेगा तेरे पास

✍ जो तुम्हारे जितने करीब है ना आज,
वो एक दिन उतना ही दूर चला जायेगा

✍ कहर बरसाने के लिए एक काजल काफी है
बाकी सब पे फिजूलखर्ची करने का क्या फायदा

✍ चल उस चाँद पे बैठकर, कुछ मीठी बातें करते हैं
इस जहाँ में इश्कबाज की भीड़ सी बहुत हो गई

✍ मुझे पता है, तुम्हारे पास हुस्न है, फिर भी वापस मत आना

✍ और वो रात हमारे प्यार की गवाही अभी भी देने को तैयार है

✍ मुझे तेरी कानों की बालियाँ चूमने की इजाजत दो

✍ मोहब्बत को लिखना, मोहब्बत करने से कम नहीं

✍ सबसे बड़ा साथ केवल पुरानी यादों का होता है

✍ ये बारिश की बूँदें जालिम हैं, बिना भिगोये, मानती नहीं

✍ आँखों पे सिलवटे पड़ गयी, तेरे इन्तजार में

✍ ख्याल बुनने के लिए इश्क हों, ये जरूरी नहीं है

✍ कमबख्त ये इश्क शब्द से किसको लगाव है

✍ इश्क दीमक है, धीरे–धीरे खाता है

✍ दिल तोड़ कर देखो, कोई गहरी चोट खा कर देखो
शब्दों का फव्वारा, सोयेमन झकझोर कर उठा देगी
और लाल स्याही, पूरे पन्ने पे नाचते नजर आयेगी

लिख हर रोज

लिखो, क्योंकि कुछ बातें जुबाँ से नहीं, स्याही से लिखी जाती हैं
लिखो, क्योंकि लिखना धर्म तो नहीं, पर कर्म जरूर बयाँ करती है
लिखो, क्योंकि तुम्हारे लिखने का कोई इन्तजार करता होगा
लिखो, क्योंकि लिखना, बेजुबान की एक ये अनकही ताकत होती हैं
लिखो, क्योंकि तेरा लिखना, किसी को जिन्दा कर सकता है
लिखो, क्योंकि गर्म साँसों से ज्यादा चुहल लिखने से होती है
लिखो, क्योंकि तुम्हारा लिखा, हर मजार और मजहब से ऊपर है
लिखो, क्योंकि लिखा दबी सिसकियाँ को एक नई आवाज देती है
लिखो, क्योंकि हर मर्तबा कलम नहीं उठेगी लिखने को
लिखो, क्योंकि तुम्हारी पीड़ा आदमी से ज्यादा वो कोरा पन्ना पढ़ सकता है
लिखो, क्योंकि लिखने की कला मरी जा रही है
लिखो, क्योंकि कलम की धार कम हो रही है
लिखो, क्योंकि तुम्हारा अस्तित्व खतरे में है
लिखो, क्योंकि अमीरी गरीबी पे हटास कस रहा है
लिखो, क्योंकि तुम्हें उसे गहरी नींद से जगाना है
लिखो, क्योंकि युगों-युगों से कोई लिख नहीं रहा है
लिखो, क्योंकि तुम्हारी ये पीढ़ी लिखने के काबिल बन सके
लिखो, क्योंकि इतिहास के पन्ने कोई पढ़ सके
लिखो, क्योंकि आजकल लेखक कम पड़ रहे हैं
लिखो, क्योंकि तुम्हारी लेखनी हर दफा याद की जा सके
उसे रोकर हँसकर, चिल्लाकर पढ़ा और समझा जा सके।

✍ कभी-कभी जिन्दा लाशों को,
वो बंद कमरे की चारों दीवारें कन्धा देने को उठ खड़ी होती हैं

✍ हम वही खड़े हैं, जहाँ की जमीं कभी ना कभी खिसकी जरूर है

✍ गुलमोहर जला, घर जला जला दी जो मैंने एक तीली

✍ पानी पे गुदवा लो मेरा नाम, पाँव पे ठहरता नहीं होगा

✍ आधी शाम बौरायी, आधा चाँद पगलाया कमर की लचक पर,
पूरा जहाँ पगलाया

✍ अँधा हूँ, आँख ढूँढ़ता हूँ, प्यासा हूँ, शराब ढूँढ़ता हूँ
सोया हूँ, ख्वाब ढूँढ़ता हूँ

✍ अजीब इतेफाक है तालिम इश्क का,
एहसास चुटकी सा है जिक्र और जुमले काफी हैं

✍ अगर कुछ सच है, तो वो तेरे घाव से निकल पस पे बैठे
चींटियों का झुंड सच है

✍ अगर कुछ सच है तो
वो लैम्पपोस्ट के नीचे पढ़ता बालक की लिखावट एकमात्र सच है

✍ अगर कुछ सच है तो, वो आँखों में घुसकर बैठे
कीड़ों के कारण जन्मी घोर लालिमा सच है

✍ अगर कुछ सच है तो,
वो तेरे इस हठी शरीर का हर क्षण
हल्का-हल्का भस्म होना एकमात्र सच है

✍ अगर कुछ सच है तो, वो रात में भटकती परछाईं देखकर
गली के आवारा कुत्तों का सहम जाना सच है

✍ निकला हूँ सफर पे
एक बोतल लिए जा रहा हूँ बूँद-बूँद पिलाके
सब को कर्जदार किए जा रहा हूँ

✍ मैं बन्द कमरे में, खुद की परछाईं से टकराते रहता हूँ

✍ उन आखिरी पन्नों में लिखने को बहुत हिम्मत चाहिए

www.ingramcontent.com/pod-product-compliance
Lightning Source LLC
Chambersburg PA
CBHW022201160726
48282CB00024B/285

* 9 7 8 9 3 8 4 4 1 9 7 6 9 *